AF267836

LE CAMBODGE

ABRÉGÉ D'HISTOIRE

ET DE

GÉOGRAPHIE

Suivi d'un Abrégé de Géographie

DE

L'Indochine Française.

Par une réunion de Professeurs

IMPRIMERIE DE LA MISSION

189, rue Paul-Blanchy 189,

SAIGON—TANDINH

1916

LE CAMBODGE

ABRÉGÉ D'HISTOIRE

ET DE

GÉOGRAPHIE

Suivi d'un Abrégé de géographie
de
l'Indochine française.

Par une réunion de Professeurs

IMPRIMERIE DE LA MISSION
189, rue Paul-Blanchy 189,
SAIGON—TANDINH
1916

ABRÉGÉ D'HISTOIRE.

Première Leçon.

Les documents.

Nous connaissons l'histoire du Cambodge par es documents suivants :

1° Les inscriptions des anciens monuments ;

2° Les annales du Cambodge ;

3° Les annales des pays voisins : Siam, Annam, Chine ;

4° Les relations des voyageurs, des commerçants et des missionnaires européens qui sont venus au Cambodge dès le XVIᵉ siècle.

Deuxième Leçon.

Les origines

1. Le Cambodge est habité depuis plus de 2000 ans, Ses premiers habitants ont été les Chongs, les Sâmrês, les Kouys, les Phnongs, les Stiengs, les Rodês....

2. Actuellement les Chongs habitent les environs de Pachim et de Chhantaboun ; les Sâmrês habitent les environs de Siémréap ; les Kouys sont au Sud des Dângrêk ; les Phnongs, les Stiéngs et les Rodês habitent les circonscriptions de Kratié et de Stung-Trèng.

3. Autrefois ces races vivaient par tribus indépendantes dans les vallées du Mékong et du Ménam et sur les côtes du golfe de Siam.

Troisième Leçon.

Le Founan.

1. Le territoire occupé par les peuplades établies sur le littoral du golfe de Siam formait le royaume de Founan.

2. Une ancienne légende raconte qu'au premier siècle du Christianisme, un brahmane de l'Inde, Houen-Tien ou Kâundinya I, débarqua à Founan et se rendit maître du pays. Ses descendants y régnèrent deux siècles environ.

3. Vers l'an 200, le général Fan-Man (ou Fancheman) s'empara du trône de Founan, soumit les peuples voisins et prit le titre de « Grand Roi de Founan ».

4. A partir de ce moment le Founan devint un vaste empire formé d'un grand nombre de peuples vassaux. Il comprenait la Cochinchine, le Cambodge, le Laos et le Siam actuels.

5. Les souverains de Founan avaient des relations avec les Indes et la Chine.

Quatrième Leçon

Le Chenla. Les Kampûchéas.

1. Les Kampûchéas habitaient sur les rives du Grand-Fleuve ; ils payaient le tribut à Founan.

2. Divisés d'abord en plusieurs principautés, les Kampûchéas formèrent, vers la fin du Vᵉ siècle, un seul royaume appelé Chenla.

3. Vers 550, les Kampûchéas se révoltèrent contre le Founan. Leur roi, Bavavarman, vainquit son suzerain, l'empereur de Founan, s'empara de sa couronne et « porta ses armes jusqu'à Chhantaboun, Battambang, Dângrêk et Kông ».

4. Les successeurs de Bavavarman étendirent ou consolidèrent ses conquêtes. Ils avaient la suzeraineté sur les anciens vassaux de Founan. Ils eurent aussi des relations avec la Chine et le Champa.

5. Vers le début du VIIIe siècle, le Cambodge (1) se scinda en deux royaumes : Le Cambodge de l'eau ayant pour capitale Yadhapura (2) et le Cambodge de la terre ferme, capitale Sambupura (3).

6. Cette scission dura peu. Rajendravarman rétablit l'unité Khmère : il hérita par son père de la couronne de Yadhapura et par sa mère de la couronne de Sambupura.

7. Vers la fin du VIIIe siècle, le Cambodge fut troublé par des incursions malaises et dut se reconnaître tributaire de Java.

Cinquième leçon.

Les Souverains d'Angkor.

1. Jayavarman II (802-869) — Quelques années après les incursions malaises, Jayavarman II s'empara de la couronne ; il pacifia le pays et refusa de payer le tribut à Java.

Jayavarman II fixa sa résidence au sud du phnôm Kûlén. Il fit construire le Prea-Khan et Bantéai-Chhmar. Il établit un collège de brahmanes chargés de rendre les honneurs au « dieu royal ». Les Cambodgiens font faus-

---

(1) — Le pays Kampuchéa fut appelé par les Portugais *Camboja* et par les Français *Cambodge*.

(2) — Dans la province actuelle de Préy-Krâbas.

(3) — Sambor.

sement remonter au règne de Jayavarman II l'origine de l'épée sacrée.

Les successeurs de Jayavarman II eurent à réprimer plusieurs guerres civiles menées ordinairement par les prétendants évincés du trône.

2. Yasôvarman (889-908). — Yasôvarman fut constructeur, administrateur et conquérant. C'est lui qui donna l'ordre de bâtir Angkôr-Thôm. Les premières années de son règne furent troublées par une rébellion ; mais vainqueur des rebelles, il réprima le vol et la piraterie et régularisa les impôts. Habile politique il contracta des alliances avec les puissances voisines.

Il soutint des guerres nombreuses dans lesquelles il fut ordinairement vainqueur. Il envahit différentes fois le Champa. Il fit aussi une expédition maritime dans laquelle en brisant « dans la grande mer des milliers de barques » il contraignit son ennemi à se jeter à la mer.

Sixième Leçon.

Les Souverains d'Angkôr *(suite)*

1. Sûryavarman I. (1002-1049). — Ce monarque soutint de nombreuses guerres. Il fit alliance avec la Chine et le Champa contre les Annamites. A l'intérieur, il réprima plusieurs insurrections, particulièrement au nord des Dângrêk.

2. Udayadityavarman (1049-1079). — Sous le règne de ce roi, trois fortes rébellions furent réprimées par le connétable Sangrama.

3. Suryavarman II. (1112-1162). — Suryavarman II s'empara de la couronne par la force. Il conquit ensuite le Champa et obligea ses feudataires du Nord à lui payer le tribut. Il fit construire Angkor-Veât.

4. Jayavarman VII. (1201-1221). — Jayavarman VII reconquit le Champa, puis rappela les principautés du Nord à l'obéissance.

Septième Leçon.

Les incursions siamoises.

1. Les principautés siamoises d'abord soumises au Cambodge formèrent un royaume indépendant vers le commencement du XIIIe siècle. Les capitales de ce royaume furent successivement : Sokotaï, Ayuthia et Bangkôk.

2. Quand les rois de Siam eurent affermi leur pouvoir, ils portèrent leurs armes contre le Cambodge :

1° L'un de ces premiers rois, Phya-Ruang rappelé aussi Rama Kâmhêng exigea le tribut de Luang-Prabang et de Vientiane, puis il fit une razzia dans le nord du Cambodge.

2° En 1420, les Siamois prirent la ville d'Angkôr, après 7 mois de siège.

3° En 1473, ils s'emparèrent des provinces de Chhantaboun, de Korat et d'Angkôr.

4° Le roi Ang-Chan 1er (1500-1555) battit les Siamois sur terre et sur mer. Il établit sa capitale à Lovêk qu'il fortifia solidement.

5° Barom-Réachéa, fils et successeur d'Ang-Chan 1er, battit également les Siamois et leur reprit les villes de Korat et de Chhantaboun.

6° En 1583, les Siamois vinrent assiéger Lovêk, mais ils furent repoussés. Revenus en 1587 avec des forces considérables, ils réussirent à s'emparer de la ville, la saccagèrent et n'y laissèrent que ruines et cadavres. Le roi Chey Chetta 1ᵉʳ s'enfuit à Stưng-Trêng où il mourut.

Huitième Leçon.

Les Annamites.

1. Autrefois les Annamites habitaient seulement le Tonkin ; leurs rois résidaient à Hanoï. Ils vécurent un millier d'années sous la domination chinoise. Ils recouvrèrent leur indépendance définitive en 1428 sous le règne de Lê-Lơi.

2. Ils s'attaquèrent ensuite aux Chams qu'ils chassèrent du Champa (1691).

3. A partir de 1600, la nation annamite est séparée en deux royaumes : Le Tonkin, capitale Hanoï et la Cochinchine, capitale Huê. Gialong réunit les deux royaumes en un seul empire (1802).

Neuvième Leçon.

Les empiétements successifs des Annamites.

1. Vers 1620, Chey Chetta II, roi du Cambodge épousa la fille du roi de Cochinchine. Grâce à cette reine, les Annamites obtinrent l'autorisation de fonder des comptoirs dans la région où se trouve aujourd'hui Saigon.

2. Vers 1642, Chan II l'un des fils de Chey Chetta II, s'empara du trône du Cambodge, embrassa l'islamisme et accorda de grands privilèges aux Malais et aux Chams. Les Cambodgiens mécontents demandèrent, par l'entremise de la vieille reine annamite, le secours du roi de la Cochinchine qui obligea Chan à lui payer le tribut.

3. Vers 1700, après leur défaite de Kompong-Chhnang, les Annamites refoulés vers le Sud, réussirent à s'installer à Baria, Bienhoa et Saigon.

4. En 1731, ils s'annexèrent Mytho et Vinhlong, à la suite d'un massacre de leurs compatriotes provoqué par un fou Laotien.

5. Vers 1760, le roi Prea Outey leur céda Travinh et Soctrang pour l'avoir aidé à s'emparer du trône.

6. Quelques années plus tard, le roi de Cochinchine accorda de grands privilèges à Mac-Cuu et aux Chinois installés à Hatien. Les Annamites continuèrent à s'étendre jusqu'à Sadec, Culao-Giêng et Chaudoc où ils construisirent des forteresses.

Dixième Leçon

Le Cambodge vassal du Siam et de l'Annam.

1. La cause principale de la décadence du Cambodge a été la guerre civile. Les partis adverses sollicitaient l'appui des Annamites ou des Siamois qui s'implantaient ensuite dans le pays.

2. En 1775, le Chinois Phya-Tak, devenu roi de Siam, réussit à mettre le prince Ang-Non II sur le trône du Cambodge. Mais Ang-Non fut tué 4 ans après.

3. Ang-Eng(1779-1796). — Ang-Eng fut proclamé roi à six ans. Quelques années après, il s'enfuit à Bangkôk. Le roi de Siam le couronna et lui donna une armée pour reconquérir son trône. Les deux généraux siamois qui commandaient cette armée reçurent, comme récompense, l'administration des provinces de Battambang et de Siémréap.

4. Ang-Chan III(1796-1834).—Ang-Chan III fut proclamé roi à quatre ans. En 1806 il fut couronné à Bangkôk. A son retour au Cambodge, il envoya une ambassade porter le tribut à l'empereur d'Annam, Gialong. Attaqué par les Siamois, il fut rétabli deux fois sur le trône par les Annamites. Les Siamois réussirent néanmoins à lui enlever les provinces de Sturng-Trêng, de Tonlé-Repou et de Melùprey.

5. Ang-Mey(1835-1841).—La princesse Ang-Mey fut placée sur le trône en 1835. Les Ministres gouvernaient le pays sous le contrôle du général annamite, Trương-Minh-Giang. Celui-ci voulait annexer le Cambodge à l'empire d'Annam; mais il exaspéra les Cambodgiens par des corvées multipliées et surtout par l'exil à Huê de la reine Ang-Mey.

Les Ministre alors demandèrent le secours du roi de Siam. Après trois années de guerre, Annamites, Siamois et Cambodgiens s'entendirent pour donner la couronne à Ang-Duong.

6. Ang-Duong (1845-1859) — Ang-Duong, frère de Ang-Chan III fut couronné par les représentants de ses deux suzerains : l'empereur d'Annam et le roi de Siam. C'était un prince instruit. Il exigea peu de corvées et employa la majeure partie des impôts à des travaux d'utilité publique. Il fit faire une route de Oudong à Kampot et une autre de Oudong à Phnôm-Pénh. Cependant durant son règne, les Siamois et les Annamites continuèrent à se fortifier au Cambodge. Pour leur résister Ang-Duong demanda le secours de la France, mais les Siamois l'empêchèrent de traiter avec l'envoyé français, M. de Montigny.

Onzième Leçon.

Norodom. — Etablissement du Protectorat.

1. Norodom (1859-1904) succéda à son père Ang-Duong. Les débuts de son règne furent troublés par la révolte de son frère Si-Vatha. Norodom s'enfuit au Siam et emporta les attributs de la royauté : la couronne, l'épée sacrée et le sceau royal.

2. En 1862, Norodom rentra au Cambodge ; mais les Siamois gardèrent à Bangkôk les insignes de la royauté qui ne furent rendus qu'en 1864 sur la demande du Gouvernement français.

3. Le 11 août 1863, Norodom signa avec la France un traité de Protectorat. Ce traité fut préparé par l'amiral de la Grandière, gouverneur de la Cochinchine et Doudart de Lagrée, officier de la marine française.

4. Au mois de juin 1864, Norodom fut couronné par un représentant du Gouvernement français.

5. Deux insurrections, menées l'une par l'aventurier Sva, et l'autre, par Pucombo furent réprimées en 1867.

6. En 1876, Si-Vatha recommença la guerre ; mais la troupe française aidée de l'Obbârach Sisovath obligea le prince rebelle à se réfugier dans les montagnes.

7. Par la convention du 17 juin 1884, le roi du Cambodge acceptait toutes les réformes administratives, judiciaires, financières et commerciales que le Gouvernement français jugerait utiles.

8. Une nouvelle insurrection éclata en 1885. La troupe française aidée de Sisovath poursuivit et châtia les rebelles.

Douzième Leçon.

Sisovath.

1. Après la mort de Norodom (24 avril 1904), l'Obbàrach Sisovath fut choisi comme roi par le Conseil des Ministres sur la proposition du Résident Supérieur.

2. En montant sur le trône il demanda aux mandarins et aux fonctionnaires de « l'aider à assurer au royaume la paix continuelle ».

3. Les vœux du monarque ont été réalisés. Cette paix durable que Sisovath souhaitait et l'accord constant des deux gouvernements ont permis d'accomplir plusieurs travaux et plusieurs réformes qui ont eu pour résultat d'accroître la prospérité matérielle et morale du pays.

4. Depuis l'avènement de Sisovath, la France a obtenu du Siam, la rétrocession des provinces de Stưng-Trêng, de Tonlé-Repou et de Melûpréy (1804) ; puis la rétrocession des provinces de Battambang, de Siémréap et de Sisophon (1907).

5. Le Protectorat a multiplié les écoles et les hôpitaux. Pour augmenter la richesse du pays, il a établi des routes, des lignes télégraphiques, des services de bateaux ; il a encouragé l'agriculture, l'industrie et le commerce.

Treizième Leçon.

Mission catholique du Cambodge.

1. Les premiers missionnaires du Cambodge étaient des Religieux portugais et espagnols. Ils étaient sous la juridiction de l'archevêque de Goa. Les rois Ang-

Chan (1505-1555) Barom-Réachéa (1555-1567) Sotha I⁰
(1567-1574) et surtout Ponhéa Tan et Ponhéa An les
protégèrent.

2. De 1660 à 1850, le Cambodge fit partie du vicariat de la Cochinchine. Les missionnaires français les
plus connus de ce temps sont : P. P. Chevreuil, Piguel,
Pigneaux de Behaine (Mgr d'Adran), Levasseur, Bouille-
vaux, Miche.....

3. En 1850, le Pape créa le vicariat du Cambodge.
Il est formé du royaume du Cambodge et des anciennes
provinces de Chaudoc et de Hatien.

4. Depuis sa fondation, le vicariat a eu pour évêques
et supérieurs ;

Monseigneur	**Miche**	1850-1869
Père	**Aussoleil**	1869-1874
Monseigneur	**Cordier**	1874-1882-1895
»	**Grosgeorge**	1896-1902
»	**Bouchut**	1902.......

La mission du Cambodge compte actuellement : 1 évêque,
45 missionnaires français, 50 prêtres indigènes et 50.000
chrétiens.

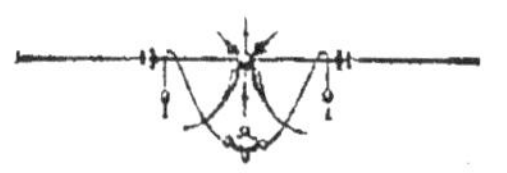

ABRÉGÉ DE GÉOGRAPHIE.

Chapitre I.

GÉOGRAPHIE PHYSIQUE.

1. Bornes.— Le Cambodge est borné au Nord, par le Siam et le Laos ; à l'Est, par l'Annam ; au Sud, par la Cochinchine et le golfe de Siam ; au Nord-Ouest, par le Siam.

2. Superficie et population. — La superficie du Cambodge est de 150.000 kilomètres carrés environ. La population est évaluée à 1.500.000 habitants dont 1.000.000 de Cambodgiens ; les autres sont des Chinois, des Annamites, des Malais etc... On y trouve aussi des descendants des tribus primitives : Kouys, Samrês, Phnongs, Stiengs... La population relative du Cambodge est 10 habitants par km. car.

3. Mer. Côtes. Le Cambodge touche la mer sur une longueur de 400 kilomètres depuis l'estuaire. de Khlong-Ko-Po jusqu'à la frontière de la Cochinchine. Ce littoral, peu hospitalier. comprend :

> Les presqu'îles de Samit et de Réam,
> Les baies de Kompong-Som et de Kâmpôt,
> La pointe de Samit et le cap Kêp.

4. Iles (koh).— 1° Dans le golfe de Siam on trouve le îles : Koh Kông, Koh Samit, Koh Rông et Koh Rông Sâmlem.

2° Le Mékong forme les îles : Koh Longiêu, Koh Sutin, Koh Khsach-Kandal, Koh Oknha Téy, Koh Noréa, Koh Thòm,

5. Montagnes (phnôm). — Les montagnes du Cambodge sont :

1° Au Nord, la *chaîne des Dangrêk* qui sépare le Cambodge du Siam ; ses sommets les plus élevés ne dépassent pas 700 mètres. On y remarque les cols de Dam-Phcar, de Kel, de Chong-Snet, et de Chong-Tako.

2° À l'Ouest, la *chaîne des Cardamomes* (phnôm Kravanh) s'étend de Chhantaboun vers Kampot. Son point culminant au Cambodge est le phnôm Khmoch 1500 m. d'altitude. Cette chaîne pousse des prolongements vers Battambang, Pursat, Kompong-Chhnang et Kompong-Speu.

3° La *chaîne de l'Eléphant* (phnôm Kòmchay), la presqu'île rocheuse de Réam et les îles du golfe de Siam peuvent aussi être considérées comme la suite de la chaîne des Cardamomes.

4° Citons en outre quelques montagnes isolées : Phnôm Kûlén, Phnôm Thbèng, Phnôm Dêk, la montagne d'Oudông.

6. Rivières côtières. — Les rivières de Khlong-Ko—Po, Kompong-Som, Kampot et Kompong-Trach se jettent dans le golfe de Siam. Ces rivières ne sont point navigables ; elles sont obstruées à leur embouchure par des bancs de sable.

7. Le Mékong. — Le Mékong traverse le Cambodge du Nord au Sud. Ce fleuve se divise en quatre bras en face de Phnôm-Pénh. Ces bras sont : 1° le Grand-Fleuve, 2° le Fleuve antérieur, 3° le Fleuve postérieur, 4° le Tonlé-Sap.

A. — Le Grand-Fleuve ou Tonlé Thôm arrose : Stirng-Trêng, Sâmbor, Sâmbok, Kratié, Chhlong, Krâuchhmar, Péam-Chilang, Kompong-Cham, Chihè, Péam-Chikàng, Roka-Kòng et Khsach-Kandal. Il reçoit : à droite, le Tonlé Repou ; à gauche, le Sékong grossi du Sésan où afflue le Srêpok, le prêk Kriéng, le prêk kampi, le prêk Té et le prêk Chhlong.

B. — Le Fleuve antérieur ou bras de Banam arrose Banam et Vinhloi.

C. — Le Fleuve postérieur appelé aussi Bassac, ou bras de Chaudoc, arrose Koh-Thom et Bac-Nam. Il reçoit le prêk Thnot et la rivière de Takèo.

D. — Le Tonlé-Sap arrose Phnòm Pénh, Kompong-Luong, Kompong-Trâlach, Kompong-Chhnang, puis il forme le Grand-Lac.

Dans ce bras, de mai à octobre, l'eau du Mékong monte vers le Grand-Lac ; d'octobre à mai l'eau du Grand-Lac descend vers le Mékong. Son principal affluent est le stung Chinit.

8. Lacs. — Le lac Tonlé-Sap a environ 140 kilomètres de long sur 30 kilomètres de large. Il se divise en trois parties : 1° le Véal-Phok, ou plaine de boue, parsemé d'îlots et de bancs de vase où pousse le riz sauvage (srângê) ; 2° le Petit-Lac sillonné par un canal creusé par les Annamites vers 1830 pour le ravitaillement de Pursat ; le Grand-Lac a 1 mètre d'eau à la saison sèche et 8 à 10 mètres à la saison pluvieuse.

Les cours d'eau qui alimentent le Grand-Lac sont : 1° la rivière de Pursat (stung Kràvanh) ; 2° le Péam-Séma formé par les rivières de Battambang de Mongkolborey et de Svai-Chek ; 3° la rivière de Siémréap, 4° le stung Chikrêng, 5° le stung Stoung, 6° la rivière de Kompong-Thom (stung Sên). Mais la plus grande partie de ses eaux vient du Mékong.

Outre le Tonlé-Sap il y a encore de nombreux étangs poissonneux dans les circonscriptions de Takèo, Préyvèng, Kandal et Kompong-Cham.

9. Canaux naturels.—Le Tonlé Tàuch va de Chi-Hè à Banam. Les prêks Muk-Kompul et Péam-Chikàng font communiquer le Tonlé Sap et le Grand Fleuve.

10. Cours d'eau navigables.—Pendant les hautes eaux, les quatre bras du Mékong sont navigables dans toute leur longueur. Les rivières de Battambang, de Mongkolborey, de Kompong-Thom, de Takèo, le Tonlé Tàuch et le Sékong sont aussi accessibles aux chaloupes pendant une partie de l'année.

Aux basses eaux, le Grand-Fleuve n'est navigable que jusqu'à Kratié, et le Tonlé Sap jusqu'à Kompong-Chhnang.

Chapitre II.

LES RESSOURCES DU CAMBODGE.

11. Pêche.—Les Quatre-Bras, les rivières et les étangs fourmillent de poissons ; mais le principal centre de pêcherie est le Grand-Lac. La pêche s'y fait pendant la saison sèche. La majeure partie du poisson est séchéé, salée, puis exportée en Cochinchine, à Singapore et en Chine. Outre le poisson sec, la pêche fournit encore l'huile de poisson, la colle de poisson, les pâtes de poisson (prâhâk). Sur la côte, la pêche est moins importante. Elle fournit toutefois des sangsues de mer, des tortues de mer, des requins (ailerons de requin), des crevettes (măm-ruŏt), des coquillages nacrés, etc.

12. Chasse. — Le Cambodge est un pays giboyeux. On y chasse les aigrettes et les marabouts pour leurs plumes ; le cerf, le sanglier, le lièvre et une multitude d'oiseaux pour leur chair ; les éléphants pour leur ivoire,

13. Elevage. -- Les principaux animaux élevés au Cambodge sont : les bœufs, les buffles, les chevaux, les porcs, les vers à soie, les oiseaux de basse-cour (coq, dindon, canard, pintade).

Les bœufs sont élevés pour les travaux de la campagne, pour la boucherie et pour l'exportation. Le Cambodge exporte plus de 20.000 bœufs par an pour Saigon et Manille. L'exportation serait encore plus forte sans les épizooties.

14. Animaux sauvages.—Parmi les animaux sauvages on doit citer : les tigres, les panthères, les chats-tigres, les ours, les chacals, les singes, les civettes, les cerfs, les éléphants, les sangliers, les bœufs et les buffles sauvages.

Il faut encore mentionner les roussettes, les rats, les pangolins, les serpents, les crapauds, les grenouilles, les rainettes, les geckos, les scorpions.

15. Forêts.—Les forêts du Cambodge fournissent du bois à brûler, du bois d'œuvre, du bambou, du rotin, de la résine et des plantes médicinales. Elles sont exploitées particulièrement dans les circonscriptions de Kratié Kompong-Cham, Kompong-Chhnang, Takêo et Kampôt.

Parmi les bois d'œuvre il faut citer : le chhœu téal (dâu), le Kôki (sao) phchek (cây chắc), le sokrâm (câm xe), le krânhûng (trắc), le néang nuon (câm lai) le srâlau (banglang) le krâkô (gõ) etc.

Le bambou est employé à une foule d'usages : construction de maisons, palissades, claies.

Avec le rotin on fabrique des chaises, des liens. Les résines retirées de la forêt cambodgienne sont : la gomme-laque, la gomme-gutte, les huiles de bois, le gutta-percha.

La principale plante médicinale est le cardamome des

monts Kràvanh (circonscriptions de Battambang et de Pursat).

16. Cultures. — Les cultures peuvent se diviser en six catégories : 1° le riz, 2° les autres plantes industrielles 3° les plantes textiles, 4° les plantes oléagineuses ; 5° les plantes tinctoriales, 6° les denrées coloniales.

A. — *Le riz* est principalement cultivé dans les circonscriptions de Battambang, de Takêo, de Préyvêng et de Soairiêng. Au Cambodge il y a deux espèces de riz bien distinctes : le riz de la saison des pluies (srâu srê) et le riz de la saison sèche (srâu prăng).

B. — Les *autres plantes alimentaires* sont : le maïs, le manioc, la canne à sucre, les légumes et les arbres fruitiers.

C. — *Plantes textiles :* Le cotonnier, cultivé sur les rives du Mékong ; le ouatier ou Kapok, employé pour confectionner les matelas, dits «matelas cambodgiens» ; le mûrier dont les feuilles servent à nourrir le ver à soie ; l'ortie de Chine dont on fabrique des cordes, des filets et des hamacs.

D. — *Plantes oléagineuses :* L'arachide, le sésame, le ricin, le soja.

E. — *Plante tinctoriale :* L'indigotier cultivé surtout sur les rives du Mékong ; le môkhlua.

F. — *Denrées coloniales :* Le cardamome, le poivre, le café, la canne à sucre et le tabac.

17. Mines. Carrières.—Les mines de fer du Phnôm Dêk sont exploitées seulement par les Kouys. Ce fer est converti en armes et en instruments de labour. Dans les Kràvanh on trouve des gisements de marbre. On exploite le saphir de Paylin, l'argile de Kompong-Chhnang, le grès, le bienhoa, le granit, le calcaire.

18. Industrie. — La principale industrie est la pêche. Les autres industries sont : les distilleries où l'on fabrique l'alcool de riz ou de palme ; les scieries (Phnôm-Pénh, Koh-Longiêu) ; l'huilerie de Khsach-Kandal ; les poteries de Kompong-Chhnang ; les filatures de soie, la fabrication des matelas dits matelas cambodgiens ; les briqueteries, les tuileries, l'orfèvrerie indigène.

Chapitre III.

LES VOIES DE COMMUNICATION.

19. Moyens de communication.—Les moyens de communication sont les cours d'eau et les routes.

Les principales lignes de navigation fluviale sont :

La ligne de Phnôm-Pénh à Saigon,
La ligne de Phnôm-Pénh à Khône,
La ligne de Phnôm-Pénh à Battambang,
La ligne de Phnôm-Pénh à Chàuđốc.

Les bateaux de Saigon s'arrètent à Banam, Vinhlơi, Tânchâu, Sadéc, Vinhlong et Mytho.

Les bateaux de Khône s'arrètent à Khsach-Kandal, Rôka-Kông, Kompong-Cham, Péam-Chilang, Krâuchhmar, Chhlông, Kratié, Samboc et Sambor.

Les bateaux de Battambang s'arrètent à Kompong-Luong, à Kompong-Chhnang, à Snok-Trou aux embouchures des rivières de Pursat et de Siémréap, à Bac-Préah.

Outre ces services, une vingtaïne de chaloupes desservent journellement les principales localités riveraines.

Une grande partie des marchandises est transportée par jonques.

20. Services d'automobiles. —

1° Phnôm-Pénh — Takèo — Kàmpòt
2° Phnôm-Pénh — Battambang (saison sèche)

3° Phnôm-Pénh — Kompong-Speu

4° Saïgon — Banam par Soairiêng

21. Routes.— Il y a des routes coloniales et des routes provinciales.

Les routes coloniales terminées sont : 1° Phnôm-Pénh à Préy-Chék en passant par Banam, Kompong-Trabêk, Préy-Chor et Soairiêng (132 kilom.).

2° De Phnôm-Pénh à Battambang par Oudong, Kompong-Trâlach, Kompong-Chhnang, Pursat et Svai-Dàung-Kèo (320 km).

3° De Phnôm-Pénh à Kompong-Trach par Préy-Pring, Kompong-Toul, Kàunsat, et Kampôt (196 km).

4° De Phnôm-Pénh à Kompong-Speu par Préy-Pring (48 Km).

5° De Phnôm-Pénh au canal de Hatien par Kàunsat, Takèo et Tàmlap (128 Km).

22. Commerce.—Le commerce extérieur s'élève annuellement à 3.000.000 de piastres dont 1.200.000 $ pour l'exportation et 1.800.000 $ pour l'importation. Le commerce extérieur se fait surtout par le port de Phnôm-Pénh. Ce port exporte:

1° Du paddy pour les rizeries de Cholon;

2° Des bœufs pour Saïgon et Manille;

3° Du poisson sec pour tout l'Extrême-Orient;

4° Du cardamome pour la Chine;

5° Du bois et des matelas en Kapok pour la Cochinchine;

6° Du coton pour le Japon;

7° Des huiles, des peaux.

Les ports de Kêp, Kàmpot, Srêcham, Srè Ambel et Koh-Kong exportent du poivre et quelques produits de la pêche; écailles de tortue, coquillages nacrés, holothuries ou sangsues de mer séchéés et fumées, pâtes de crevettes.

Presque toute l'importation se fait par Phnôm-Penh. Elle consiste en objets manufacturés, tissus, articles d'épicerie, boissons, métaux, pétrole, opium, riz décortiqué.

Chapitre IV.

PRINCIPAUX CENTRES.

23. Phnôm-Pénh (72.000 habitants) capitale du Cambodge, port de transit. Cette ville prend une importance de plus en plus grande à mesure qu'on multiplie ses moyens de communication avec l'intérieur. Ses principaux monuments sont: Le Palais Royal, le Phnôm, La Résidence Supérieure, l'Hôtel des Douanes, l'Hôtel des Postes, la Mairie, le Trésor, la Cathédrale, le Pont des Nagas, le Pont de Verneville, l'église de Xom-Bien.

Battambang est le chef-lieu d'un riche territoire retenu par le Siam pendant plus d'un siècle (1794-1907). Ce territoire renferme les Ruines des plus beaux monuments Khmers: Angkor Thom, Angkor Veât, Veât Ek, Basêt, Bantéai-Chhmar. Commerce de paddy, cardamome.

Kâmpôt, port à 5 kilom. de la mer. Cette ville est le chef-lieu d'une circonscription riche en cultures poivrières.

Kompong-Cham, sur le Grand-Fleuve, marché important. Chef-lieu d'une circonscription essentiellement agricole où l'on cultive en grande quantité le riz, le maïs, le cotonnier, le mûrier et l'indigotier.

Kompong-Chhnang : sur le Tonlé-Sap pêche, poterie.

Préyvêng : riz.

Takêo : riz, haricots, maïs, sésame.

Soairiêng : riz.
Kratié : sur le Grand-Fleuve, exploitations forestières.
Pursat : sur le strng Krâvanh, cardamome.
Khsach-Kandal : usine cotonnière.
24. Anciennes capitales. — Sambor, Angkorbâu-rey, Angkor Thom, Babàur, Sovêk, Oudong.

Chapitre V.

DIVISIONS TERRITORIALES.

25. Le Cambodge est divisé en douze circonscriptions; à la tête de chacune il y a un Résident de France. La circonscription se divise en plusieurs provinces, et chaque province est administrée par un Gouverneur cambodgien.

La ville de Phnôm-Pénh est administrée par une Commission municipale.

Voici les noms des douze circonscriptions avec leurs chefs-lieux et les postes administratifs qui en relèvent:

Circonscriptions	Chefs-lieux	Postes administratifs
Kandal	Kompong-Speu	
Kompong-Thom	Kompong-Thom	
Kompong-Cham	Kompong-Cham	
Stung-Trêng	Stung-Trêng	Moulapoumok, Chéom-
Kratié	Kratié	[Khsan, Vœeune-Sai.
Prey-Vêng	Préy-Vêng	
Soairieng	Soairieng	
Takêo	Takêo	
Kàmpot	Kàmpot	Kompong-Trach
Kompong-Chhnang	Kompong-Chhnang	
Pursat	Pursat	
Battambang	Battambang	Siémréap

26. Provinces. — La circonscription de Kandal est formée de sept provinces : Phnôm-Penh, Kién-Svai, Ponhéalư, Kandal-Stưng, Sâmrong-Tong, Phnom-Sruoch et Kông-Pissey.

La circonscription de Kompong-Thom est formée de cinq provinces : Kompong-Svai, Barai, Stûng, Sântûk et Chikrêng.

La circonscription de Kompong-Cham est formée de cinq provinces : Kompong-Siem, Sréy-Santhor, Chœung-Préy Muk-Kompul et Khsach-Kàndal.

La circonscription de Stưng-Trêng est formée de quatre provinces : Stưng-Trêng, Moulapoumok, Tonlé-Repou et Melûpréy.

La circonscription de Kratié est formée de quatre provinces : Kratié, Chhlong, Stưng-Trâng et Thbâung-Khmum.

La circonscription de Préy-Vêng est formée de cinq provinces : Baphnom, Préyvêng, Péarang, Loveá-Em et Sithor-Kàndal.

La circonsription de Soairieng est formée de trois provinces : Romduol, Svaitéap et Roméas-Hêk.

La circonscription de Takêo est formée de quatre provinces : Tréang, Bati, Préy-Kràbas et Lœuk-Dêk.

La circonscription de Kampot est formée de cinq provinces : Kampot, Péam, Bantétéay-Méas, Kompong-Som et Koh-Kong

La circonscription de Kompong-Chhnang est composée de cinq provinces : Roléa-Pier, Long-Vêk, Babâur, An-long-Reach, et Kompong-Lêng.

La circonscription de Pursat comprend deux provinces : Pursat et Krakor.

Le territoire de Battambang est divisé en trois Khêts :

Battambang, Siémréap et Sisophon. Chaque Khêt est divisé en plusieurs srôks.

Chapitre VI.

ADMINISTRATION.

27. Le Cambodge est gouverné par un Roi sous le contrôle du Résident Supérieur.

28. Résident Supérieur. — Le Résident supérieur représente auprès du Roi le Gouvernement français. Il est nommé par un décret du Président de la République.

Le Résident supérieur dirige l'administration française et contrôle l'administration indigène.

Il dirige tous les services au moyen des Résidents chefs de circonscription et des chefs de services résidant à Phnôm-Pénh. Il est assisté d'un Conseil de Protectorat qu'il préside et de la Chambre Mixte du Commerce et d'Agriculture. Il a droit à des audiences privées et personnelles avec Sa Majesté. Il préside le Conseil des Ministres. Il contresigne les ordonnances royales et les décisions du Conseil des Ministres pour les rendre exécutoires. Il prépare le budget.

29. Résidents. — La circonscription est administrée par un Résident. Le Résident assure l'ordre dans toute la circonscription. Il exerce un contrôle sur tous les services (Travaux publics, Trésor, Milice etc). Il transmet aux Gouverneurs les ordres venus de la capitale et contrôle leur administration.

Il est assisté d'un Conseil de Résidence.

30. Services. — Les principaux services du Cambodge sont :

Les Services civils. Les Résidents administrent leur

circonscription et contrôlent les fonctionnaires français et indigènes.

Les Douanes et Régies vendent le sel et l'opium, elles prélèvent l'impôt des alcools, du tabac, des allumettes, et des marchandises importées et exportées.

Les Travaux publics tracent les routes, construisent des ponts et des bâtiments, creusent les cours d'eaux, placent les bouées et les balises pour faciliter la navigation.

Les Postes, Télégraphes et Téléphone transmettent les nouvelles par lettres, télégrammes ou téléphone.

Le Trésor centralise les impôts et paie les mandats de l'Administration.

L'Instruction publique contrôle l'enseignement donné dans les écoles provinciales, les écoles résidentielles et le collège Sisovath.

La Police est chargée de l'ordre et de la sécurité publique.

Les Forêts surveillent la coupe des bois et en prélèvent l'impôt.

L'Assistance médicale soigne gratuitement les malades: maternités, infirmeries, dispensaires, vaccination.

Le Port de commerce s'occupe des chaloupes de l'administration, prélève la taxe sanitaire sur les bateaux étrangers et perçoit l'impôt sur les barques amarrées aux rives de Phnôm-Pénh.

L'Immigration tient le rôle des immigrés.

Le Cadastre fait le relevé des propriétés.

La Milice assure la surveillance dans l'intérieur du pays.

L'Enregistrement et les Domaines.

L'Agriculture.

La Bactériologie.

Le service des *Epizooties.*

31. Roi. — Le Roi fait des ordonnances, il signe les

décisions du Conseil des Ministres. Il nomme et révoque les mandarins.

32. Ministres. — Le Roi est assisté d'un Conseil de 5 Ministres.

Le Président du Conseil (Oknha Ak Môha Sêna),
Le Ministre de la Justice (Oknha Yômréach),
Le Ministre du Palais (Okhna Veang),
Le Ministre de la Marine (Oknha Krâlahom),
Le Ministre de la Guerre (Oknha Chakrey),
Chaque Ministre a un suppléant.

Le Conseil des Ministres est chargé de la surveillance et de l'exécution des lois ainsi que de l'étude des réformes ou modifications à y apporter.

Les Ministres se réunissent :

1° *En Commission permanente* sous la présidence du Premier Ministre, 2° en *Conseil de Ministres* sous la présidence du Résident supérieur.

33. Gouverneur. — Chaque province est placée sous l'autorité d'un *Gouverneur cambodgien* assisté ordinairement de quatre fonctionnaires : un *balat*, deux *sâuphéas*, et un *yôkôbat*.

Le Gouverneur fait exécuter les ordonnances royales et les arrêtés du Résident supérieur ; il centralise le produit des impôts qu'il remet au percepteur français.

Il préside le tribunal provincial.

34. Chefs de village. — Le village est dirigé par un *Maire* (mékhum) assisté d'un Conseil. Ce conseil est composé d'*adjoints* (chômtup) et de *conseillers* (Krom chumnum).

Le Mékhum tient les rôles du village, assure la perception des impôts, fait la police dans le village, concilie les différends.....

Kéchapibal. — Tout groupement de familles comprenant plus de vingt habitants se choisit un chef qui est le représentant responsable devant l'autorité administrative. Ce chef porte le titre de *Kéchapibal.*

Chapitre VII.

LA JUSTICE.

35. Il y a lieu de considérer la Justice française et la Justice cambodgienne.

36. La Justice française comprend :

1° Un tribunal de France au chef-lieu de chaque circonscription, présidé par le Résident ; 2° le tribunal de Phnôm-Pénh présidé par un juge ; 3° une cour criminelle qui siège à Phnôm-Pénh quatre fois par an.

La cour criminelle juge les crimes des Asiatiques étrangers.

Les membres de cette cour sont : Un Président, deux assesseurs français et quatre assesseurs cambodgiens.

37. La Justice cambodgienne comprend : 1° les tribunaux de simple police, 2° les tribunaux de 1ere instance, 3° les cours d'appel 4° la cour de cassation.

1° Le *tribunal de simple police* est présidé par le Mékhum ou son premier adjoint.

2° Le *tribunal de première instance* est établi au chef-lieu de chaque province. Les membres de ce tribunal sont : un Président : le Gouverneur ou son adjoint ;

Des juges : les sâuphéas,

Un greffier : le yôkôbat.

Le tribunal de première instance pour la ville de Phnôm-Pénh s'appelle *sala lukhum.* Ses membres sont : un Président, quatre juges et un greffier.

3° *La cour d'appel* prononce sur les oppositions formées contre les jugements rendus par les tribunaux de première instance. Il y a deux cours d'appel au Cambodge : l'une à Phnôm-Pénh, l'autre à Battambang. La Cour d'appel est divisée en deux Chambres : la Chambre civile et la Chambre correctionnelle et criminelle. Chacune est formée de : un Président, deux juges, deux juges-suppléants et un greffier.

4° *La cour de cassation* confirme ou annule les jugements qui lui sont soumis. Elle siège à Phnôm-Pénh ; elle est composée d'un Président et de quatre conseillers.

ABRÉGÉ DE GÉOGRAPHIE
DE L'INDOCHINE FRANÇAISE

―⸱≫≒(◉)≒≪⸱―

Chapitre I

L'INDOCHINE FRANÇAISE

1. Bornes { Au Nord, la Chine, à l'Est et au Sud-Est, la mer de Chine, à l'Ouest, le golfe de Siam, le Siam et la Birmanie.

2. Côtes : forme d'un S. Basses et plates dans les deltas ; hautes et rocheuses près des montagnes.

3. Territoires {
Le Tonkin 6.500.000 habitants, capitale   Hanoï
L'Annam 5.500.000   »   »   Hué
La Cochinchine 3.000.000 »   »   Saigon
Le Cambodge 1.500.000 »   » Phnôm-Pénh
Le Laos 800.000   »   »   Vientiane.
Kouang-Tchéou-Van 200.000 habitants.

4. Golfes : le Golfe du Tonkin et le golfe du Siam.

5. Baies {
Au Tonkin : Fai-Tsi-Long, Along,
En Annam : Tourane, Qui nhơn, Xuân-Đày. Binhkhoè, Nhatrang, Camranh, Phantiêt.
En Cochinchine : Ganh-Ray, Rachgiá, Hatien.
Au Cambodge : Kampot et Kompong-Som.

6. Lagune : Thuận-An

7. Archipels {
Au Tonkin : Les îles de la baie d'Along
En Cochinchine : Poulo-Condor, Deux-Frères, Poulo-Dama,

8. Iles	Au Tonkin : Les îles de la baie d'Along, l'île de Kébao, l'île des Pirates, les îles fluviales du Fleuve Rouge. En Annam : île du Tigre, Poulo-Gambier, Poulo-Cécir En Cochinchine : Poulo-Condor, Deux-Frères, Poulo-Obi, Poulo-Dama, Phuquoc. Au Cambodge : Koh Kong, Koh-Samit, Koh Rông. Les îles fluviales du Mékong.
9. Presqu'îles	En Annam : Tiên-Sha En Cochinchine : Camau et Hon-Chong.
10. Caps	Au Tonkin : Cap Pak-Lung. En Annam : Vung-Chùa, Lay, Choumay, Tourane, Varéla, Honcohé, Binh-cang, Padaran. En Cochinchine : Baké, Saint-Jacques, Camau, de la Table. Au Cambodge : Kèp, Samit.
11. Montagnes	Au Tonkin : Les Aiguilles, Tsi-Con-Linh, Pou-Taka, Pia-Ya, Pia-Ouac — Yen-Thé, Tamdao, Bavi. En Annam : Pou-Luong, Pou-Sang, Dent du Tigre, Pou-Atouat, la Mère et l'Enfant. En Cochinchine : Nui Đinh, Cap Saint-Jacques, Baden. Au Cambodge : Dàngrèk, Cardamomes. Au Laos : Pou-Luong, Pou-Loï, Pou-Bia.

12. Plateaux
Au Tonkin : Yunnan et Tamdao.
En Annam : Ayoum, Darlac, Langbian, Dgiring, Chứa-Chăng.
Au Laos : Tranninh, Boloven, Hua-Panh.

13. Cols
En Annam : Hop-Nam, Qui-Hop, Porte d'Annam, Mengia, Aïlao, col des Nuages, An-khê.
Au Cambodge : Dam-Phcar, Kel, Chong-Smet, Chong-Tako.

14. Fleuves : Thaï-Binh, Fleuve Rouge, Donnaï, Vaïco, Mékong.

15. Thaï-Binh
Formé par la réunion des rivières : Luc-Nam, Song-Thuong et Song Càu. Il arrose Haïphong.

16. Fleuve Rouge
Arrose Laokay, Yênbay, Hanoï.
Reçoit la rivière Claire et la rivière Noire.

17. Donnaï
Passe à Bienhoa.
Reçoit Song-Lagna, Song Bê et la rivière de Saigon.
Forme le Soirap et un delta.

18. Vaïco
Le Vaïco Occidental passe à Tanân.
Le Vaïco Oriental passe à Benluc
Ils forment le Grand-Vaïco qui se jette dans le Soirap.

19. Mékong
Prend sa source au Tibet. 4200 kilom. de longueur.
Obstrué par les rapides de Tang-Ho, Pak-Lai, Kemmarat et Khône.
3 biefs : Saigon à Kratié — Khône à Savannakét — Savannakét à Vientiane.

19. Mékong
> Arrose Luang-Prabang, Vientiane, Savannakét, Bassac, Khône, Kratié, Kompong-Cham, Phnôm-Pénh.
> Ses affluents : Sémoun, Tonlé-sap, Nam-Hou, Sé-Bang-Faï, Sebang-Hien, Sékong.
> Ses bras : Cửa Tiêu, Cửa Đai, Balai, Ham-Luong, Côchiên, Bassac.

20. Lac : Tonlé-Sap.

21. Chemins de fer
> Au Tonkin : 1° Haïphong-Hanoï-Lao-kay-Yunnansen.
> 2° Hanoï-Langson
> 3° Hanoï-Namdinh-Vinh.
> En Annam : Tourane-Huê-Quangtri.
> En Cochinchine : Saigon - Bienhoa-Phantiêt-Nhatrang. Saigon-Mytho
> Projetés : Terminer le transindochinois.Quangtri-Savannakét. Saigon-Cantho. Phnôm-Pénh-Battambang.

Chapitre II

LE TONKIN

1. Bornes. — Au Nord, la Chine ; au Sud-Est, la mer de Chine ; au Sud, l'Annam, à l'Ouest, le Laos.

2. Superficie. — 103.000 kilomètres carrés.

3. Population.—6.500.000 habitants dont 6.000.000 d'Annamites et 500.000 Sauvages.

4. Côtes. -- De Moncay à l'embouchure de Thaï-Binh, les côtes sont rocheuses et découpées. Au Sud de l'embouchure du Thaï-Binh elles sont très basses.

5. Cours d'eau navigables.—Le Fleuve Rouge est navigable jusqu'à Laokay. La rivière Claire est navigable jusqu'à Tuyênquang. La rivière Noire est navigable jusqu'à Chobo.

6. Canaux. — Le canal des Rapides et le canal des Bambous entre le Fleuve Rouge et le Thaï-Binh. Le canal de Phuly et le canal de Namdinh entre les bras du Fleuve Rouge.

7. Elevage. — On élève surtout les porcs, les oiseaux de basse-cour et le ver à soie.

8. Forêts. — Les forêts fournissent du bodê, du lim, du rotin, du bambou, du cunau.

9. Cultures. — Le riz, le maïs, le mûrier, le jute et le coton.

10. Mines. — Les mines fournissent la houille, le lignite, le pétrole, le zinc, l'étain et le cuivre.

11. Carrières. — Elles fournissent du calcaire.

12. Salines. — À Kien-An et à Namdinh.

13. Industrie. — Une fabrique d'allumettes à Hanoi, deux rizeries à Haïphong, des distilleries d'alcool, des filatures de soie et de coton, une usine à transformer le zinc et l'étain à Haïphong.

14. Routes. — La route frontière de Moncay à Langson, Caobang, Hagiang et Laokay ; les routes de Hanoï à Langson, de Hanoï à Caobang, de Hanoï à Hagiang, de Hanoï à Laokay, de Hanoï à Hongay, de Hanoï à Doson, de Hanoï à Huê.

15. Commerce. — Exportation de riz, de maïs, de minerais. Importation d'objets manufacturés, de tissus, de boissons, de métaux. Transit du Yunnan.

16. Principaux centres. — Hanoï (100.000 h.) ; Haïphong, port ; Namdinh, Hai-Duong, Bacninh, Dapcau, Phulanthuong, Sontay, Laokay, Langson.

17. Provinces. — Le Tonkin forme 25 provinces : Moncay, Langson, Caobang, Hagiang, Laokay, Laïchau, Sonla, Yênbay, Tuyen-quang, Backan, Hoabinh, Phutho,

Thaï-Nguyen, Bac-Giang, Quang-Yen, Vinh-Yên, Sontay, Hadong, Bacninh, Haï-Duong, Kiên-An, Hung-Yen, Thaï-Binh, Namdinh, Ninh-Binh.

18. Administration. — Semblable à celle de l'Annam.

Chapitre III

L'ANNAM

1. Bornes. — Au Nord, le Tonkin ; à l'Est, la mer de Chine, au Sud la Cochinchine ; à l'Ouest, le Cambodge et le Laos.

2. Superficie. — 180.000 kilomètres carrés.

3. Population. — 5.500.000 habitants : Annamites et Sauvages.

4. Côtes. — Du Tonkin au cap Choumay les côtes sont basses ; du cap Choumay à la frontière cochinchinoise elles sont rocheuses et très découpées.

5. Rivières. — Le Song-Ma, le Song-Ca, les rivières de Đồnghôi de Quangtri, de Huê, le Song-Ba.

6. Navigation. — Les bateaux des Messageries Maritimes desservent Banghôi, Quinhon et Tourane.

7. Pêche. — La pêche se fait principalement dans les baies de Camranh, Phanrang, et Phantiêt.

8. Cultures. — Le riz, le maïs, le thé, le mûrier, la cannelle.

9. Mines. — L'or de Bongmiêu.

10. Carrières. — Le marbre de Tourane.

11. Salines. — À Nhatrang, Camranh et Phantiêt.

12. Industrie. — Une fabrique d'allumettes à Bên-thuy, des scieries, des filatures.

13. Routes. — La route mandarine parallèle à la côte, des routes vers le Laos partent de Vinh, de Quangtri, de Quinhon de Phanrang.

14. Commerce. — Exportation de maïs, de peaux, de thé, de cannelle, de la soie. Importation d'objets manufacturés, de métaux, de tissus et de boissons.

15. Principaux centres. — Huê, Vinh, Tourane, Faïfo, Quinhon, Nhatrang, Camranh, Phantiêt.

16. Provinces. — Thanh-Hoa, Nghê-An (Vinh), Hatinh, Quang-Binh(Donghôi), Quangtri, Thua-Tiên (Huê), Quang-Nam (Faïfo) Quang-Ngaï, Binhdinh (Quinhon), Khanh-Hoa (Nhatrang), Binh-Thuân (Phantiêt), Kontoum.

17. Administration. — L'administration française est représentée par le Résident Supérieur et douze Résidents chefs de province. Quant à l'administration indigène, l'Annam est divisée en douze provinces et subdivisé en phûs ou huyêns, cantons, communes et villages.

Chapitre IV

LE LAOS

1. Bornes. — Au Nord, le Tonkin ; à l'Est l'Annam. Au Sud, le Cambodge ; à l'Ouest le Siam et la Birmanie.

2. Superficie. — 250.000 kilomètres carrés.

3. Population. — 800.000 habitants: Laotiens, Khas...

4. Cours d'eau. — Le Mékong et ses affluents : le Nam-Hou, le Nam Khadinh, le Nam-Hinboun, le Sébang-faï, le Sébanghiên, le Sédon, le Sémoun.

5. Elevage. — Les bœufs et les buffles y sont nombreux.

6. Cultures. — Les cultures sont peu étendues : légumes, palmier à sucre, mûrier, cotonnier, pavot.

7. Forêts. — Les forêts fournissent le teck, le chhœu téal, le stick-lake, le benjoin, le cardamome.

8. Mines. — Le Laos a des mines de houille, de fer, de cuivre, d'étain et d'or ; mais ces mines sont peu exploitées.

9. Industrie. — Tissage de la soie, scieries, exploitation minière.

10. Route. — Savannakét à Quangtri.

11. Commerce — Exportation de bois, de benjoin, de stick-lake. Importation de métaux, de pétrole, de sel, d'allumettes.

12. Principaux centres. — Luang-Prabang, Vientiane, Savannakét Paksé, Khône.

13. Commissariats. — Le Haut-Mékong (Ban-Houeï-Saï), Luang-Prabang, Samneua, Tranninh (Xieng-Khouang), Vientiane, Cammon (Pak-Hin-Boun), Savannakét, Saravane, Attopeu, Paksé, Khong.

14. Administration. — Administration française : Le Résident Supérieur et onze Commissaires.

Administration indigène : Villages, cantons, provinces, principautés.

Chapitre V

LA COCHINCHINE

1. Bornes. — Au Nord, le Cambodge ; au Nord-Est, l'Annam ; au Sud-Est, la mer de Chine ; au Sud-Ouest le golfe de Siam.

2. Superficie. — 58.000 kilomètres carrés.

3. Population. — 3.000.000 habitants : Annamites, Cambodgiens, Chinois.....

4. Côtes. — Les côtes de la Cochinchine ont la forme d'un V. Elles sont très basses et découpées par l'embouchure de plusieurs cours d'eau.

5. Fleuves. — Le Donnaï, le Vaïco, le Mékong.

6. Canaux. — Entre le Donnaï, le Vaïco et le Mékong : l'arroyo Chinois, l'arroyo Commercial, l'arroyo de la Poste et le canal dé Chogao.

Entre le Bassac et le golfe de Siam : la canal Vinh-Té, le canal de Rachgia, le canal Omon, le canal Xano et les canaux de l'Etoile.

7. **Chasse.** — On chasse les tigres, les cerfs, les aigrettes et les marabouts.

8. **Pêche.** — La pêche se fait dans les cours d'eau et sur les côtes.

9. **Elevage.** — On y élève le buffle, le bœuf, le cheval, le porc, les oiseaux de basse-cour et le ver à soie.

10, **Forêts.** — Elles fournissent le dầu, le sao, le gỗ, le santal, le trắc et le cẩmlai.

11. **Cultures.** — Le riz (Vĩnhlong, Gòcông, Bầixau,) le maïs, la canne à sucre, les arbres fruitiers, les arbres à caoutchouc, le mùrier.

12. **Carrières.** — On en extrait le granit, le limonite, le biênhòa, l'argile.

13. **Salines.** — À Bària et à Baclièu.

14. **Industrie.** — Onze rizeries à Cholon, des scieries, des poteries. des filatures de soie, des ateliers de construction, des tanneries, et des arts indigènes.

15. **Routes.** — De Saigon au Cap Saint-Jacques, de Saigon à Banam, de Saigon à Mytho et Gocong, de Sadec à Vinhlong, Travinh et Badong, de Chaudoc à Longxuyen, Cantho, Soctrang, Baclieu et Camau.

16. **Commerce.** — Exportation de riz, de poisson sec, de poivre et de coprah. Importation d'objets manufacturés, de tissus, de boissons, de métaux, de pétrole.

17. **Principaux centres.** — Saigon (60.000 habitants) port. Cholon (190.000 habitants), Mytho, Vinhlong, Cantho, Soctrang.

18. **Provinces.** — Baria, Bienhoa, Thudaumot, Tayninh, Giadinh, Cholon, Tanan, Mytho, Vinhlong, Bentre,

Travinh, Chaudoc, Longxuyen, Cantho, Soctrang, Baclieu, Rachgia.

19. Administration. — Communes, cantons, postes
administratifs, provinces. Un Gouverneur administre
la Cochinchine.

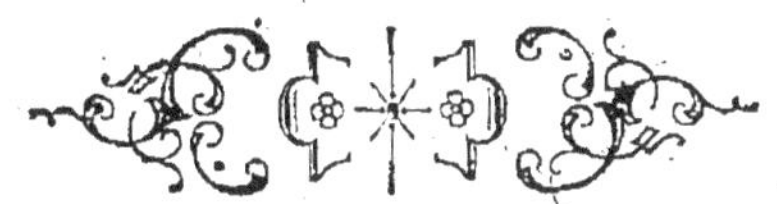

TABLE DES MATIÈRES

Histoire

Géographie du Cambodge

Géographie de l'Indochine française